1.2

W9-BIW-950

YELLY KELLY
KELLY, EL GRITÓN

Written by / Escrito por
Nancy Rose Sweetland

Illustrated by / Ilustrado por
Robert Sweetland

Translated by / Traducción por
Eida de la Vega

To Stewart, again.

The illustrations in this book were rendered in pen & ink and colored with colored pencil and pastel.

Original Text Copyright © 1970 TS Denison, Minneapolis, MN
Revised Text Copyright © 2004 by Nancy Rose Sweetland
Illustration Copyright © 2004 by Robert Sweetland
Spanish Translation Copyright © 2004 Raven Tree Press

All rights reserved. For information about permission to reproduce selections from this book, write to:
Permissions, Raven Tree Press LLC, 200 S. Washington St. – Suite 306, Green Bay, WI 54301
www.raventreepress.com

Publisher's Cataloging-in-Publication
(Provided by Quality Books, Inc.)

Sweetland, Nancy, 1934-
    Yelly Kelly / Nancy Rose Sweetland, author; Robert
Sweetland, illustrator. -- 1st ed.
    p. cm.
    In English and Spanish.
    SUMMARY: Kelly, who yells all the time about
everything, finds that no one pays attention to his
cries when he is really in trouble.
    Audience: Ages 4-8.
    LCCN 2002105394
    ISBN 0-9720192-0-0

    1. Etiquette--Juvenile fiction. 2. Discipline of
children--Juvenile fiction. [1. Behavior--Fiction.]
    I. Sweetland, Robert II. Title.

PZ73.S784 2003   [E]
                 QBI02-701801

Printed in India by NPT OFFSET / EXODUS LLC
www.nptoffset.com
10 9 8 7 6 5 4 3 2 1

first edition

YELLY KELLY
KELLY, EL GRITÓN

Written by / Escrito por
Nancy Rose Sweetland

Illustrated by / Ilustrado por
Robert Sweetland

Translated by / Traducción por
Eida de la Vega

Raven Tree Press
LLC

All boys have to yell sometimes.
Anybody knows that.

Todos los niños gritan de vez en cuando.
Todo el mundo lo sabe.

Like if you get stung by a bee,
or you hit your thumb with a hammer,
or even if some meanie tries to sneak
your sack of marbles.

Como cuando te pica una abeja o te das
un golpe en el pulgar con el martillo o
incluso cuando algún abusador trata de
quitarte la bolsa de las canicas.

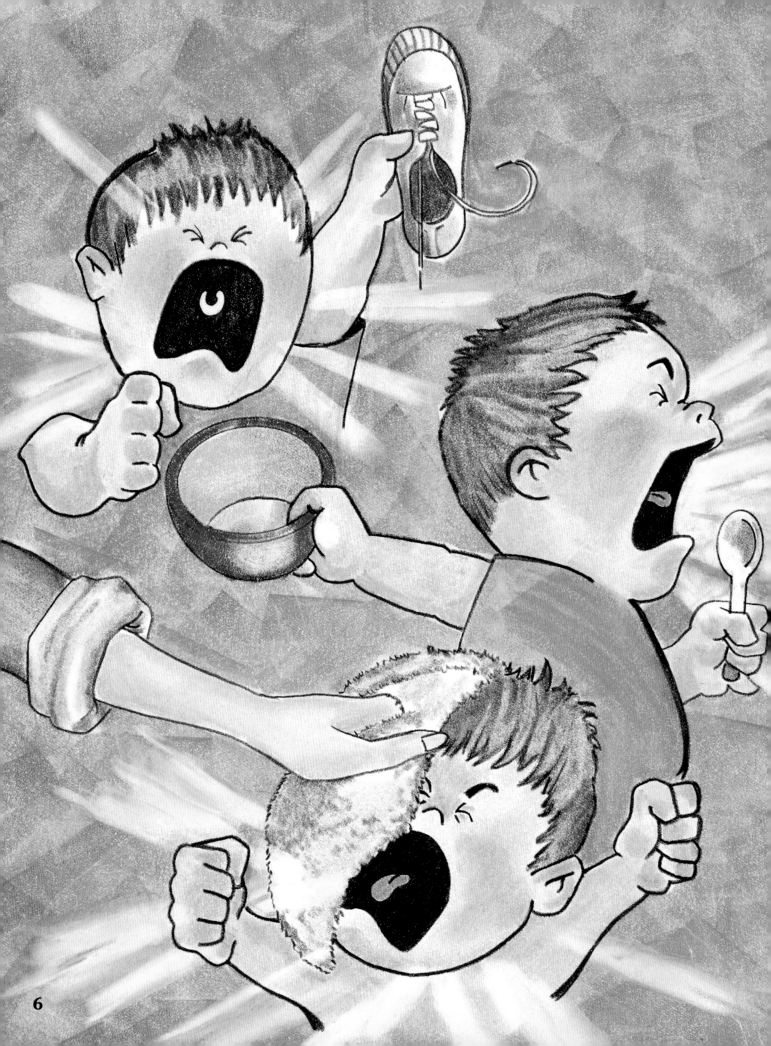

But Kelly yelled all the time, not just for important things.

He yelled when he could only find one shoe.
He yelled when the cereal he liked best was gone.
And he yelled when his mother washed his face.

Sometimes he yelled **"MOM!"**
Sometimes he yelled **"HELP!"**
But mostly he just yelled **NOISE.**

Pero Kelly gritaba todo el tiempo, no sólo por
cosas importantes.
Gritaba cuando no podía encontrar uno de los zapatos.
Gritaba cuando se acababa su cereal favorito.
Y gritaba cuando su mamá le lavaba la cara.

A veces gritaba: **¡MAMÁ!**
A veces gritaba: **¡SOCORRO!**
A veces sólo hacía **RUIDO.**

"Kelly," said his mother, "someday you are going to yell **TOO MUCH.**" But he didn't care. Yelling was fun and it made him feel good.

–Kelly –le decía su mamá–, algún día vas a gritar **DEMASIADO.** Pero a él no le importaba. Gritar era divertido y lo hacía sentirse bien.

One day *nothing* went right for Kelly.
First he fell out of bed. He didn't get hurt–
it was just a little bed–
but that made him mad,
and he yelled.

Un día, *nada* le salió bien a Kelly.
Primero, se cayó de la cama.
No se hizo daño
–era sólo una cama bajita–
pero se enojó y gritó.

When he got dressed,
his shirt got all wound up,
and he got his arm caught in the
neck hole, along with his neck.
What did he do?
He yelled.

Cuando se estaba vistiendo, se le enredó la
camisa y se le atascaron un brazo y la
cabeza en el hueco del cuello. ¿Qué hizo?
Gritó.

His tennis shoe had a knot in the string, too,
and he yelled about that.
It wasn't a hard knot.
He could have fixed it himself, but Mother did it.
"Kelly," she said, "I'll help you. *Just don't yell.*"

Su zapatilla tenía un nudo en el cordón
y también gritó.
No era un nudo difícil.
Podía haberlo arreglado él mismo,
pero su mamá tuvo que hacerlo.
—Kelly —le dijo su mamá—, te ayudaré,
pero no grites.

At the breakfast table, Kelly's father said,
"Good morning, Kelly."
His big brother said,
"Good morning, Yelly Kelly."
His baby sister, who couldn't talk at all,
hunched up her shoulders and
pulled down her neck like a turtle, and giggled.

Durante el desayuno, el papá de Kelly dijo:
—Buenos días, Kelly.
Su hermano mayor dijo:
—Buenos días, Kelly, el gritón.
Su hermanita, que aún no podía hablar,
subió los hombros, hundió el cuello como
una tortuga y se rió.

This made Kelly very mad, madder even than knots in his shoestrings, and he yelled at everybody, "Leave me alone!" and ran outside.

Esto enojó mucho a Kelly, más que los nudos en los cordones, y le gritó a su familia: —¡Déjenme en paz! —y salió corriendo.

"I think," said Father, "today is the day to teach Kelly a lesson about all this noise. No matter what, don't answer when he yells."
"That's a good idea," said Mother.
Baby Sister just pulled down her head like a turtle and giggled.

—Creo —dijo papá—, que ha llegado el día en que Kelly aprenda una lección. No importa de qué se trate, no respondan cuando grite.
—Es una buena idea —dijo mamá—.
La hermanita sólo hundió la cabeza como una tortuga y se rió.

Just then there was a terrible yell from the back yard.
Mother looked at Father.
Father shook his head.
"Remember what I said."

Justo en ese momento, se oyó un grito terrible
proveniente del patio.
Mamá miró a papá.
Papá sacudió la cabeza: —Recuerden lo que les dije.

Kelly's yelling grew louder. "Help! HELP!"
Kelly had gone over the fence to catch a butterfly,
and instead of climbing back over, he tried to crawl
through a hole under the fence.

El grito de Kelly subió de tono:
—¡Socorro! ¡SOCORRO!
Kelly había saltado la cerca para atrapar una mariposa
y en vez de volver a saltarla al regresar, había tratado
de arrastrarse a través de un agujero que había debajo
de la cerca.

There he was, his legs outside and his head
and arms inside, and there he stuck.

"Help! HELP! MOM!"

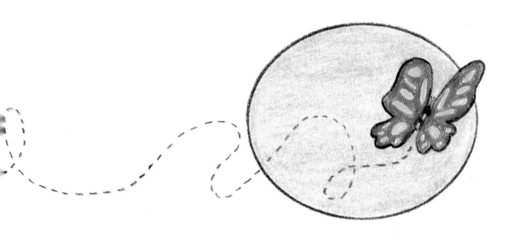

Allí estaba, con las piernas fuera y la cabeza y los
brazos dentro. Se había atascado.

—¡Socorro! ¡SOCORRO! ¡MAMÁ!

But nobody came.

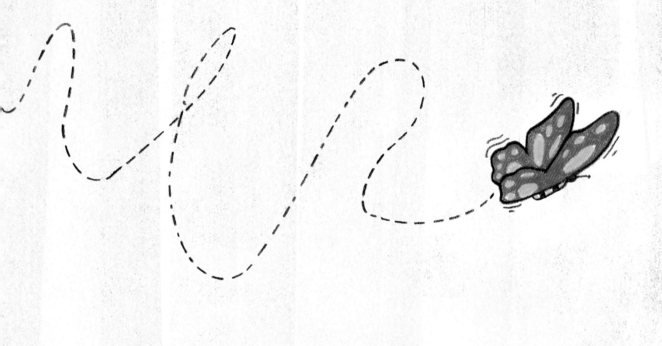

Pero nadie fue.

Inside the house, Mother heard Kelly,
but she didn't answer him.
Poor Kelly. His stomach hurt from all that yelling.
He tried to wiggle loose, but the more he wiggled
the dirtier he got and the tighter he stuck.

Dentro de la casa, la mamá escuchaba a Kelly,
pero no hizo caso.
Pobre Kelly. La barriga le dolía de tanto gritar.
Intentó moverse, pero solamente consiguió
ensuciarse y atorarse más.

Baby Sister came outside. She saw Kelly and the big tears that ran down his grimy face.

"Please, Baby Sister," Kelly said. "Go get Mama."

Baby Sister just giggled.

"Please!" Kelly said.

She just giggled again.

La hermanita salió. Miró a Kelly y vio los lagrimones que le corrían por la cara mugrienta.

—Por favor, hermanita —dijo Kelly—, ve a buscar a mamá.

La hermanita sólo se rió.

—¡Por favor! —dijo Kelly.

Y la hermanita volvió a reírse.

21

Then Kelly got mad.

"Oh, how can *you* get Mama?

You don't even make any *noise!*"

Then he let out the biggest yell of all.

Baby Sister ran to the house.

Kelly se enojó.

—¡¿Cómo vas a traer a mamá si no haces ningún *ruido*?!

Entonces gritó lo más fuerte que pudo.

La hermanita corrió hacia la casa.

Kelly was so tired from yelling,
he put his chin on his hands and watched.

Kelly estaba tan cansado de gritar,
que puso la barbilla sobre las manos
y se quedó mirando.

24

Baby Sister pulled Mother out to the fence
where Kelly was stuck.

La hermanita llevó a la mamá hasta la cerca
donde Kelly estaba atascado.

"Oh, my," said Mother, helping Kelly loose.
"I didn't know you were making all that
noise *for a reason*."

—Oh, cielos —dijo mamá, ayudando a Kelly
a salir. No sabía que estabas haciendo todo
ese ruido *por una verdadera razón*.

She took him into the house and washed his face.
Then she gave Kelly and Baby Sister a big, flat,
sugary cookie and some cold milk.

Entraron a la casa y mamá le lavó la cara.
Luego les dio a Kelly y a su hermanita una
galleta azucarada muy grande con un poco
de leche fría.

Kelly was quiet except for crunchy bites on his cookie. He was thinking very hard.

Kelly no hizo ningún ruido mientras comía, excepto por el sonido que hacía al masticar la galleta. Estaba pensando.

"Baby Sister didn't make any noise to get you, did she?" he asked.

"No," said Mother.

"And I made lots of noise, but you didn't come."

"Can you guess why?" asked Mother.

—¿La hermanita no tuvo que hacer ruido para que vinieras. ¿Cierto? —preguntó Kelly—.

—No —dijo mamá.

—Y yo hice mucho ruido, pero no viniste.

—¿Sabes por qué? —preguntó mamá.

Kelly crunched up the last bite of his cookie.
"Maybe noise isn't very important when it happens all the time."
Mother just smiled.

Kelly masticó el último pedacito de su galleta.
—Quizás el ruido pierde importancia cuando lo haces todo el tiempo.
Mamá sonrió.

"I think," Kelly said, "I won't yell any more."

And he almost never did, except for very important things like bee stings...

or pounded thumbs...

or marble sneakers.

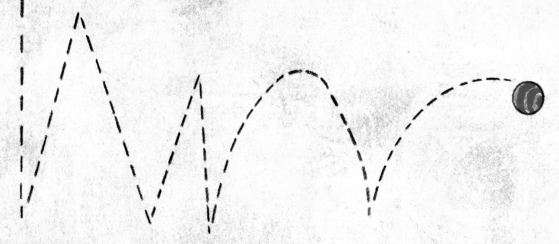

—Creo que no gritaré más —dijo Kelly.

Y casi nunca lo hizo, excepto por cosas realmente importantes como picaduras de abejas...

o dedos lastimados...

o ladrones de canicas.

Glossary / glosario

English	Español
yell	gritar
noise	el ruido
giggle	reír
mad	enojado
fence	la cerca
lesson	la lección
wiggle	moverse
stuck	atascado
baby sister	la hermanita
cookie	la galleta

[E]
Yelly Kelly : Kelly, el griton
31050000006670
Rose, Nancy,